BEI GRIN MACHT SICH IHR WISSEN BEZAHLT

AF173292

- Wir veröffentlichen Ihre Hausarbeit,
  Bachelor- und Masterarbeit

- Ihr eigenes eBook und Buch -
  weltweit in allen wichtigen Shops

- Verdienen Sie an jedem Verkauf

Jetzt bei www.GRIN.com hochladen und kostenlos publizieren

GRIN

Bibliografische Information der Deutschen Nationalbibliothek:

Die Deutsche Bibliothek verzeichnet diese Publikation in der Deutschen National-
bibliografie; detaillierte bibliografische Daten sind im Internet über http://dnb.d-
nb.de/ abrufbar.

Dieses Werk sowie alle darin enthaltenen einzelnen Beiträge und Abbildungen
sind urheberrechtlich geschützt. Jede Verwertung, die nicht ausdrücklich vom
Urheberrechtsschutz zugelassen ist, bedarf der vorherigen Zustimmung des Verla-
ges. Das gilt insbesondere für Vervielfältigungen, Bearbeitungen, Übersetzungen,
Mikroverfilmungen, Auswertungen durch Datenbanken und für die Einspeicherung
und Verarbeitung in elektronische Systeme. Alle Rechte, auch die des auszugsweisen
Nachdrucks, der fotomechanischen Wiedergabe (einschließlich Mikrokopie) sowie
der Auswertung durch Datenbanken oder ähnliche Einrichtungen, vorbehalten.

Impressum:

Copyright © 2015 GRIN Verlag, Open Publishing GmbH
Druck und Bindung: Books on Demand GmbH, Norderstedt Germany
ISBN: 978-3-668-09635-6

Dieses Buch bei GRIN:

http://www.grin.com/de/e-book/304516/ueberblick-ueber-das-supply-chain-mana-
gement-in-der-industrie-4-0

Benjamin Leiser

Überblick über das Supply Chain Management in der Industrie 4.0

GRIN Verlag

GRIN - Your knowledge has value

Der GRIN Verlag publiziert seit 1998 wissenschaftliche Arbeiten von Studenten, Hochschullehrern und anderen Akademikern als eBook und gedrucktes Buch. Die Verlagswebsite www.grin.com ist die ideale Plattform zur Veröffentlichung von Hausarbeiten, Abschlussarbeiten, wissenschaftlichen Aufsätzen, Dissertationen und Fachbüchern.

Besuchen Sie uns im Internet:

http://www.grin.com/

http://www.facebook.com/grincom

http://www.twitter.com/grin_com

Supply Chain Management - Industrie 4.0

20.04.2015

Agenda

Einführung

Schlagworte Industrie 4.0 aus Einführungsvideo

- Vernetzung
- Smart Factory
  - Ressourceneffizienz
  - Energieeffizienz
  - Selbststeuerung
- Intelligente Produkte
- Smart Analytics
- Verschmelzung von digitaler und realer Welt

1.1 Definition „Industrie 4.0"

„Industrie 4.0" ist ein **Marketingbegriff** und steht für ein Zukunftsprojekt der deutschen Bundesregierung.

„Industrie 4.0" steht für die Neuorganisation und **vernetzte Steuerung** von Wertschöpfungsnetzwerken. Konkret geht es um die ganzheitliche Orientierung an **individuellen Kundenwünschen** und die Nutzung von **Echtzeitdaten** im Produktionsprozess.

Als Grundlage dient dafür die Echtzeit-Auswertung zahlreicher, bisher unverknüpfter Daten (**„Big Data"**), die aus der **Vernetzung** aller an der Wertschöpfung beteiligten Instanzen entstehen.

Quelle: Gabler Wirtschaftslexikon / Plattform Industrie 4.0

1.2 Historische Entwicklung

Industrie 4.0

Industrie 3.0

Industrie 2.0

Industrie 1.0

| 70 | 1870 | 1965 | Beginn 21. Jahrhundert |

Industrie 1.0 → Mechanisierung

- Ende des 18. Jahrhunderts
- James Watt verbessert Dampfmaschine
- 1774 erster mechanischer Webstuhl
- Veränderungen in Industrie und Gesellschaft
    - Steigerung der Produktionsgeschwindigkeit
    - Wohlstand
    - Unternehmer ↔ Proletariat

| **1770** | 1870 | 1965 | Beginn 21. Jahrhundert |

Industrie 2.0 → Elektrifizierung

- Ende des 19. Jahrhunderts
- Arbeitsteilige Massenproduktion → Fließband
- 1870 erstes Fließband in Schlachthof
- 1913 Fließband bei Henry Ford
- Veränderungen in Industrie und Gesellschaft
    - Steigerung der Produktivität
    - Massengüter werden erschwinglich

| 1770 | **1870** | 1965 | Beginn 21. Jahrhundert |

Industrie 3.0 → Automatisierung

- Ende des 20. Jahrhunderts
- Einsatz von Elektronik und Informations-
  technologie → PC & Roboter
- 1969 erste SPS
- Veränderungen in Industrie und Gesellschaft
  - Erhebliche Steigerung der Produktivität

```
0          1870          1965          Beginn 21.
                                       Jahrhundert
```

Industrie 4.0 → Vernetzung

- Beginn des 21. Jahrhunderts
- Folge des Internets
- Kommunikation zwischen Produktions-
  ressourcen
- Veränderungen in Industrie und Gesellschaft
  - Höchste Produktivität selbst bei kleinsten
    Losgrößen
  - Transparenz von Mensch-Maschine-Prozess

```
0          1870          1965          Beginn 21.
                                       Jahrhundert
```

Bedeutung in Deutschland

- „Industrie 4.0" ist deutscher Marketingbegriff
- Vorzeigebranchen (Maschinenbau/Automobil/Elektrotechnik) sollen fit für das digitale Zeitalter gemacht werden
- Konkurrenzkampf mit weltweiten Industrie 4.0-Programmen (Amerika und Asien)
- Keine Einigung auf gemeinsame Standards → „Plattform Industrie 4.0" gerät ins Stocken

> **„Ich sehe die Gefahr, dass Deutschland zwar die Vision der Industrie 4.0 entwickelt, doch am Ende andere mit neuen Geschäftsmodellen profitieren."** Henning Kagermann, Akademie der Technikwissenschaften Acatech

DIE INDUSTRIE 4.0 IST KAUM BEKANNT
Umfrage unter 1057 Unternehmen, Stand 2014

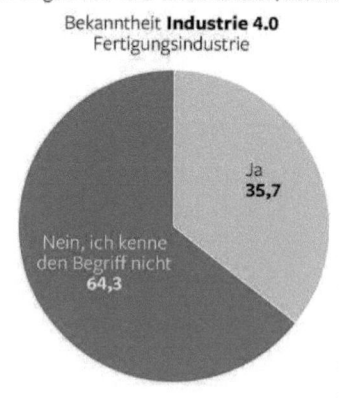

Bekanntheit **Industrie 4.0**
Fertigungsindustrie

Ja
35,7

Nein, ich kenne den Begriff nicht
64,3

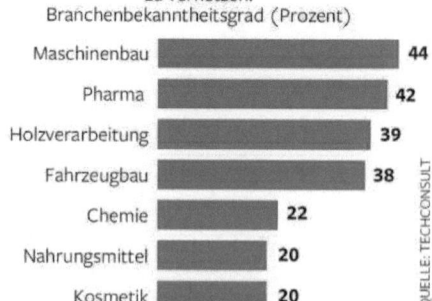

Industrie 4.0 meint die Bestrebungen, Maschinen, Produktionsanlagen, ERP-Systeme, Produkte usw. informationstechnologisch zu vernetzen.
Branchenbekanntheitsgrad (Prozent)

Branche	Prozent
Maschinenbau	44
Pharma	42
Holzverarbeitung	39
Fahrzeugbau	38
Chemie	22
Nahrungsmittel	20
Kosmetik	20

QUELLE: TECHCONSULT

DIE☾WELT

Quelle: http://img.welt.de/img/wirtschaft/crop135151611/7510193720-ci3x2l-w780/DWO-WI-Industrie4.jpg

1.3 Nationale und globale Bedeutung von Industrie 4.0

1. Einführung　　2. Industrie 4.0　　3. Quiz　　4. Praxisbeispiele　　5. Kritische Reflexion　　6. Schlussbetrachtung

Bedeutung weltweit

- Industrie 4.0-Programme in USA und Asien
- IT-Firmen und Netzbetreiber (Cisco, IBM, AT&T, GE) drängen in die Produktion
- „Plattform Industrie 4.0" konkurriert mit US-Arbeitsgemeinschaft „Industrial Internet Consortium (IIC)"
- Deutsche Konzerne und Institutionen (Bosch, Siemens, SAP, TU Darmstadt) sind Mitglieder des IIC

„Die erste Halbzeit der Digitalisierung haben wir verloren, die zweite Halbzeit, die der Industrie 4.0, muss Deutschland hingegen gewinnen."
Timotheus Höttges, Telekom-Chef

2. Industrie 4.0

1. Einführung　　2. Industrie 4.0　　3. Quiz　　4. Praxisbeispiele　　5. Kritische Reflexion　　6. Schlussbetrachtung

Industrie 4.0

Cloud Computing

- Dynamische und flexible Bereitstellung von IT-Ressourcen als dienstleistungsbasiertes Geschäftsmodell
  - Cloud Anbieter statt unternehmenseigene Rechenzentren

- Elastizität der Ressourcennutzung
  - Schnelle und bedarfsgerechte Freigabe von Ressourcen

- Einsatz von Hardware-Virtualisierung

Cloud Computing & Industrie 4.0

Automatisierungs- und Produktionstechnik

Bisher:
- Einzelne, eigene monolithische Steuerung mit nicht ausreichender Rechenleistung

Zukunft:
- Cloudbasierte Steuerungssysteme
  - Skalierbare Rechenleistung als globale Cloud Ressource
  - Auslagerung von Teilen der monolithischen Steuerung in die Cloud

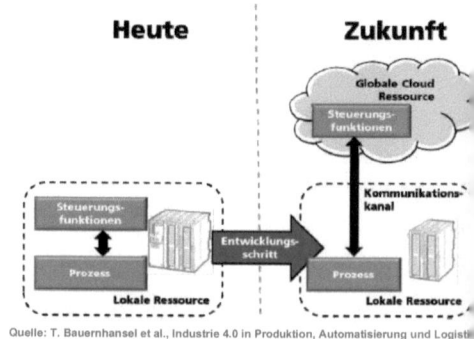

Quelle: T. Bauernhansel et al., Industrie 4.0 in Produktion, Automatisierung und Logistik, Springer Fachmedien: Wiesbaden. 2014.

Internet of Things (IoT / IIoT)

- Vernetzung von physischen Objekten mit dem Internet
  - Selbstständige Kommunikation untereinander über Schnittstellen
  - Erweiterte Funktionalitäten
  - Zusätzlicher Kundennutzen

- Neues Internet-Protokoll notwendig
  - Alt: IPv4 mit 4,3 Milliarden Adressen
  - Neu: IPv6 mit 340 Sextillionen Adressen
  - → 228 Trillionen IP-Adressen pro cm² Landfläche der Erde

- Internet of Services (IoS)

Embedded Systems

„Embedded Systems stellen eine Kombination aus Hard- und Softwarekomponenten dar, die in einem technischen Kontext eingebunden sind und die Aufgabe haben, ein System zu steuern, zu regeln oder zu überwachen."
Quelle: BITKOM

- Kommunikationssysteme
  - Funk- bzw. kabelbasierte Netzwerke
- Identifikatoren
  - Eindeutige Identifikation (RFID, …)
- Sensoren
  - Daten über direktes Umfeld
- Aktoren
  - Ausführen von Bewegungen

- Mikrocontroller
  - Analyse, Status und Entscheidung

Smart Analytics – Internet of Data

- Big Data
  - Basis für innovative Wertschöpfung und neue Wirtschaftsmodelle
  - Sinnvolle Speicherung und Auswertung notwendig

- Analyse und Optimierung
  - Integration in Abläufe des Unternehmens

Referenzarchitekturmodell Industrie 4.0

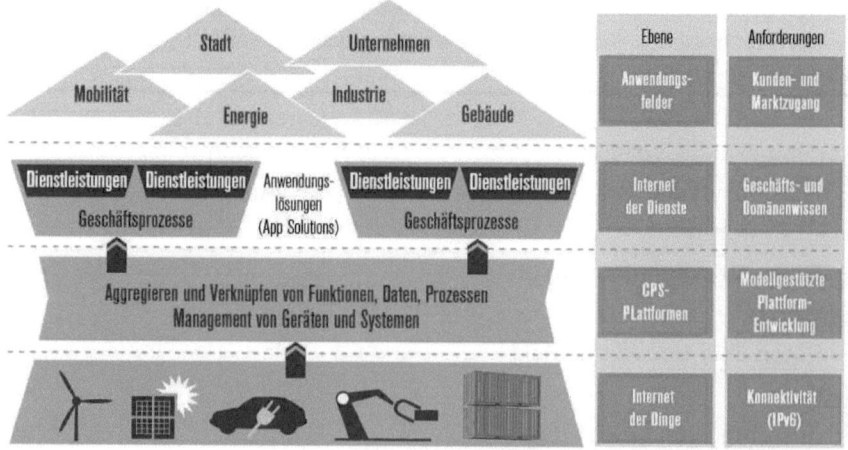

Quelle: http://www.zu-daily.de/daily-wAssets/pdf/2015/2015-02-04-SmartCity-Verwaltung4.0-JvL.pdf, S. 4

Cyber-Physical Systems (CPS)

„Cyber-Physical Systems (CPS) sind gekennzeichnet durch eine Verknüpfung von <u>realen</u> (physischen) Objekten und Prozessen mit informationsverarbeitenden (<u>virtuellen</u>) Objekten und Prozessen über offene, teilweise globale und jederzeit miteinander verbundene Informationsnetze."

Quelle: Forschungsagenda CPS

- Datentransfer- und austausch ⎤
- Kontrolle und Steuerung   ⎦ in Echtzeit

- Vernetzung von:
  – Menschen
  – Maschinen, Produkte und Objekten   CPS
  – Informations- und Kommunikationssystemen

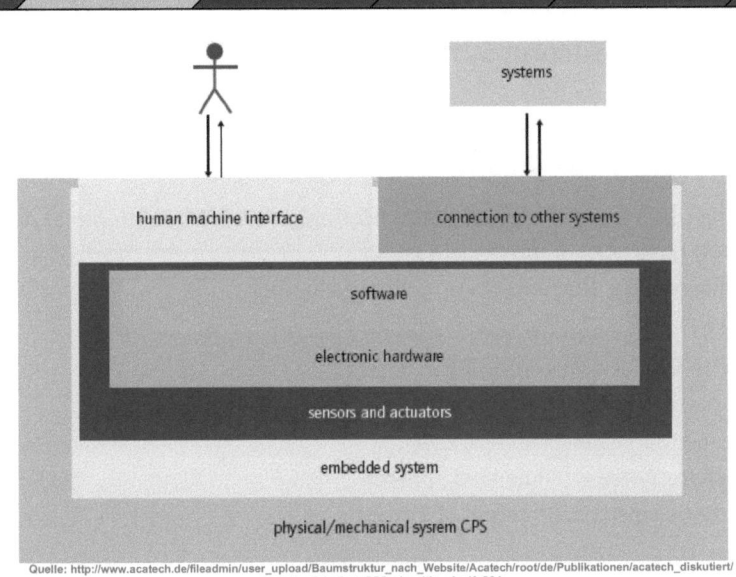

Quelle: http://www.acatech.de/fileadmin/user_upload/Baumstruktur_nach_Website/Acatech/root/de/Publikationen/acatech_diskutiert/ acatech_diskutiert_CPS_einseitig_ol.pdf, S24

11

Cyber-Physical Systems (CPS)

- Vernetzung ermöglicht völlig neue Funktionalitäten und Produkteigenschaften

- Bekanntestes Beispiel aus dem Alltag: Smartphone

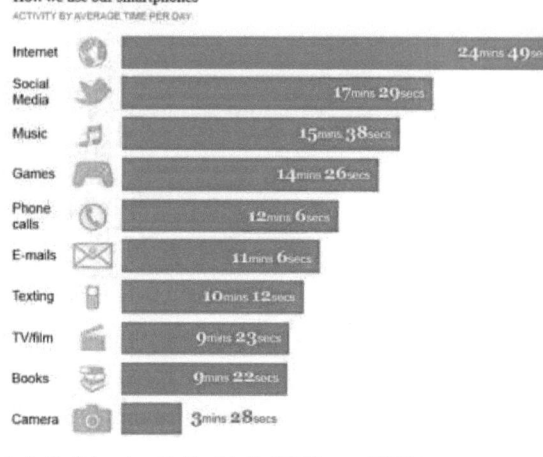

How we use our smartphones
ACTIVITY BY AVERAGE TIME PER DAY

Internet		24mins 49secs
Social Media		17mins 20secs
Music		15mins 38secs
Games		14mins 26secs
Phone calls		12mins 6secs
E-mails		11mins 6secs
Texting		10mins 12secs
TV/film		9mins 23secs
Books		9mins 22secs
Camera		3mins 28secs

Quelle: http://i.telegraph.co.uk/multimedia/archive/02262/phoneuse_2262785b.jpg

Cyber-Physical Production Systems (CPPS)

- Zentrale Funktion im Rahmen der Industrie 4.0

- Vernetzung über den gesamten Wertschöpfungs- und Produktlebenszyklus mit erweiterten Funktionalitäten
  - Herstellungsphase, Nutzungsphase, Lebenszyklusende

- Wesentliche Bestandteile von CPPS:
  - Mobile und bewegliche Einrichtungen (Schleusen, Türen, Bänder, …)
  - Geräte und Maschinen (Anlagen, Roboter, …)
  - Eingebettete Systeme (Embedded Systems)
  - Vernetzte Gegenstände (Internet of Things)

Cyber-Physical Production Systems (CPPS)

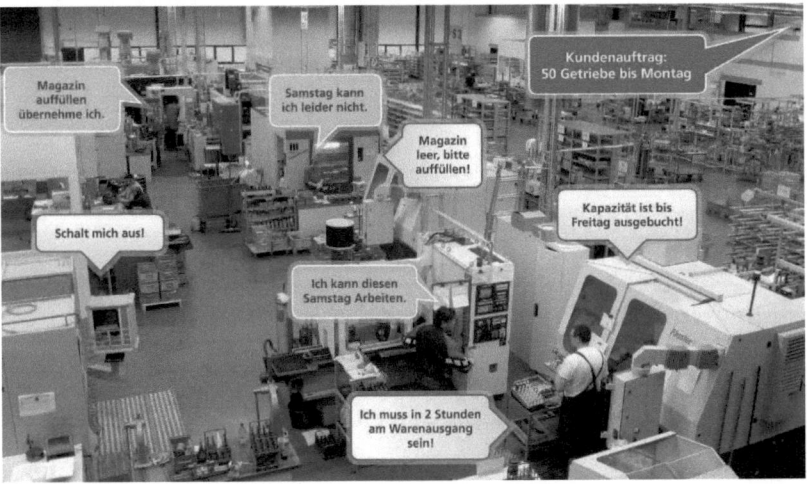

Quelle: http://winfwiki.wi-fom.de/images/f/f7/CPS_500px.png

[Smart Factory]

Kooperations- und Geschäftsmodelle

- Fokus auf individuellen und kurzfristigen Kundenwünschen

- **Interaktive Wertschöpfung**

„Interaktive Wertschöpfung beschreibt einen Prozess der kooperativen (und freiwilligen) Zusammenarbeit zwischen Hersteller und Kunde (Nutzer) zwischen den Extremen einer gänzlich hersteller- bzw. gänzlich kundendominierten Wertschöpfung." Quelle: Reichwald & Piller 2009

- **Hybride Wertschöpfung**

„Hybride Wertschöpfung ist definiert als Prozess der Generierung von Mehrwert mittels innovativer Kombinationen von Dingen, Daten und Dienstleistungen." Quelle: Velamuri 2011

Serviceorientierung

		Aufgaben	Beispiele
Everything as a Service (XaaS)	Value as a Service (VaaS)	▪ Personalisierte Dienste zur Bedürfnisserfüllung (z.B. Mobilität, Gesundheit)	▪ Logistic as a Service (Amazon) ▪ Mobility as a Service (Daimler) ▪ Assembly as a Service (Foxconn)
	Modules as a Service (MaaS)	▪ Offene Hard- und Softwaremodule zur Komposition personalisierter Dienste	▪ Ara modules (Google) ▪ Apps (Runtastic) ▪ Autos (Local Motors)
	Plattform as a Service (PaaS)	▪ Life Cycle Umgebung & Kommunikation zum wirtschaflichen Bereitstellen der Soft- und Hardwaremodule	▪ App Store (Apple) ▪ Production plattform (emachineshop) ▪ Virtual Fort Knox (FhG) ▪ Home applications (First built)
	Infrastructure as a Service (IaaS)	▪ Infrastrukturlandschaft als Basis für Plattformen und zur Bereitstellung von Modulen	▪ Cloud Infrastructure (IBM) ▪ Mobile Communication (Telekom) ▪ Netze (ENBW)

Quelle: http://vhs-4business.de/fileadmin/PDF_Seminare/Thementag_Beitraege/Bauernhansl_VHS_Hohenheim.pdf; S.43

Quiz

Welches Schlagwort kennzeichnet „Industrie 4.0"?

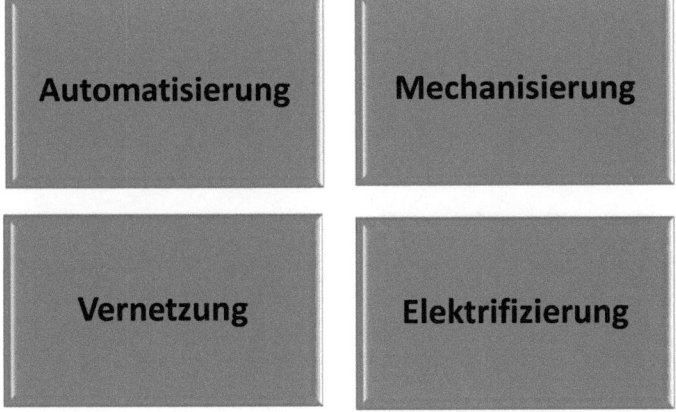

Automatisierung | Mechanisierung

Vernetzung | Elektrifizierung

Welches Land ist im Bereich „Industrie 4.0" führend?

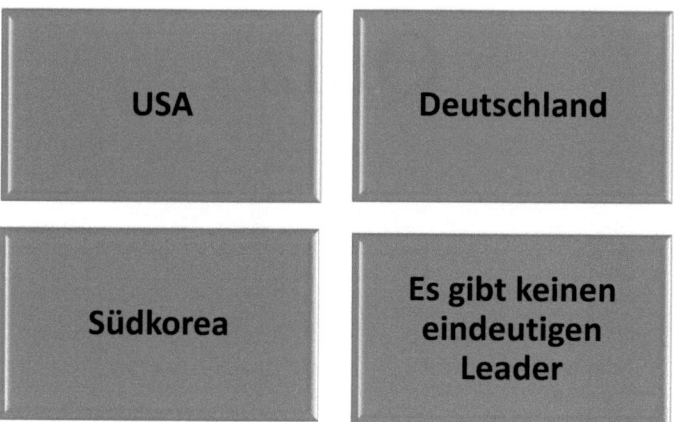

USA

Deutschland

Südkorea

Es gibt keinen eindeutigen Leader

Wie hoch ist der Bekanntheitsgrad des Begriffs „Industrie 4.0" in der deutschen Fertigungsindustrie?

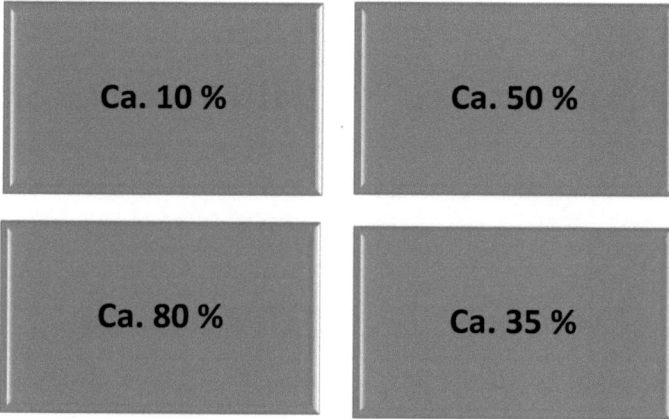

Ca. 10 %

Ca. 50 %

Ca. 80 %

Ca. 35 %

Was ist eine Grundvoraussetzung für „Industrie 4.0"?

Geringe Losgröße

Internet of Things

Geringe Fertigungstiefe

Kanban

Wofür steht die Abkürzung „CPS" in Bezug auf „Industrie 4.0"?

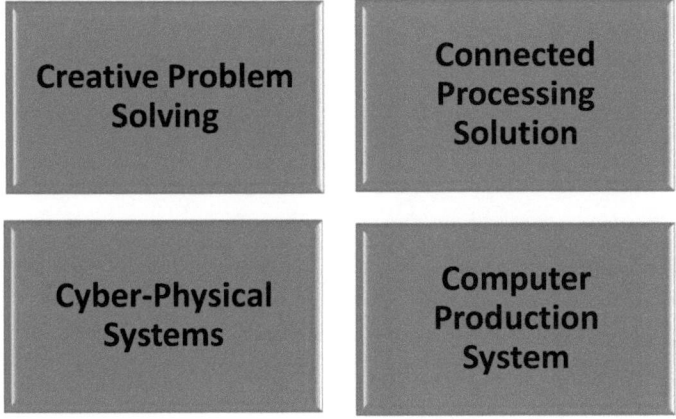

Creative Problem Solving

Connected Processing Solution

Cyber-Physical Systems

Computer Production System

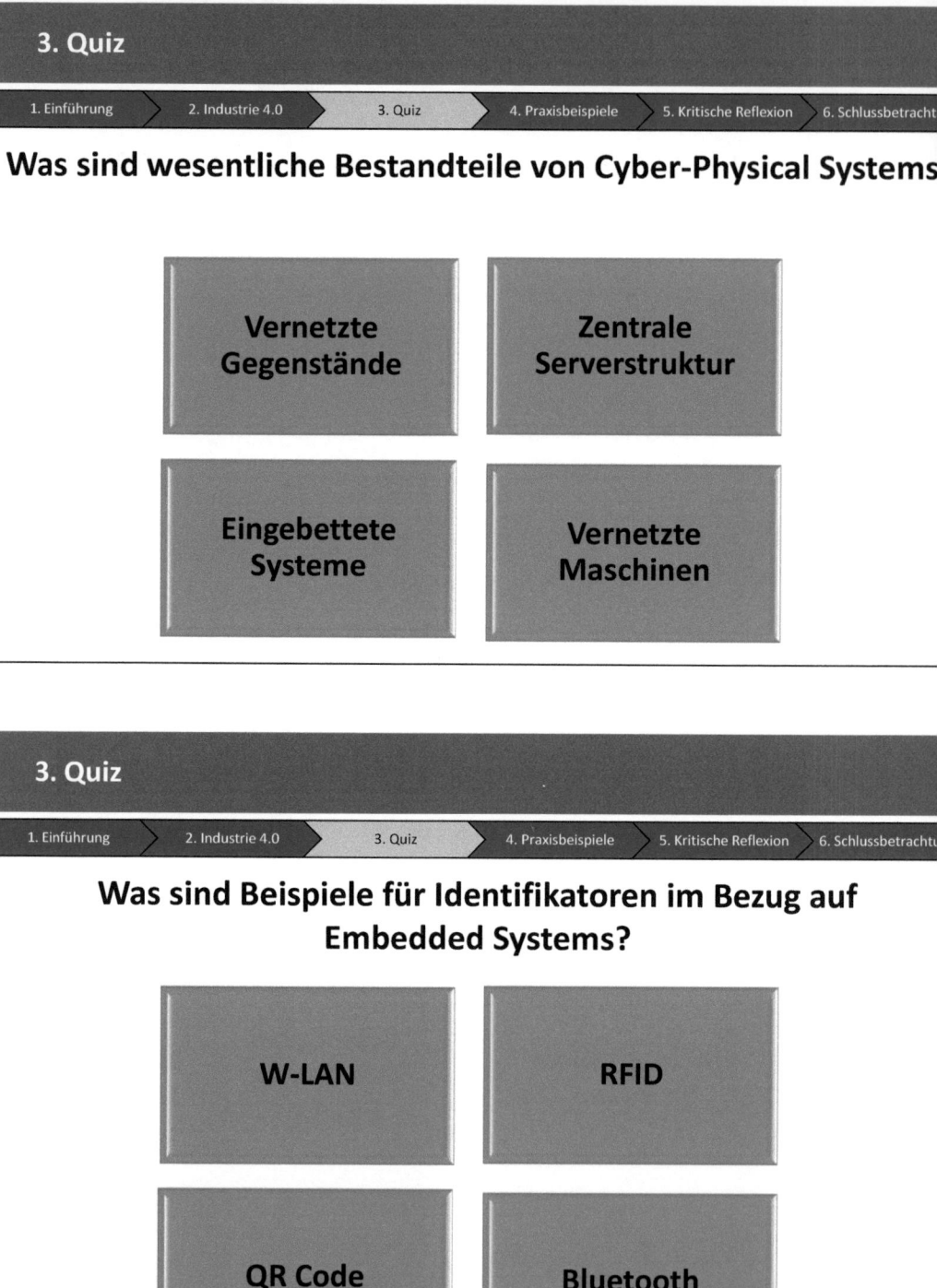

Was sind wesentliche Bestandteile von Cyber-Physical Systems

Vernetzte Gegenstände	Zentrale Serverstruktur
Eingebettete Systeme	Vernetzte Maschinen

Was sind Beispiele für Identifikatoren im Bezug auf Embedded Systems?

W-LAN	RFID
QR Code	Bluetooth

Was sind beispielhafte Kennzeichen einer smarten Fabrik?

Hohe Lagerbestände

Vernetzung

Push-Prinzip

Selbststeuerung

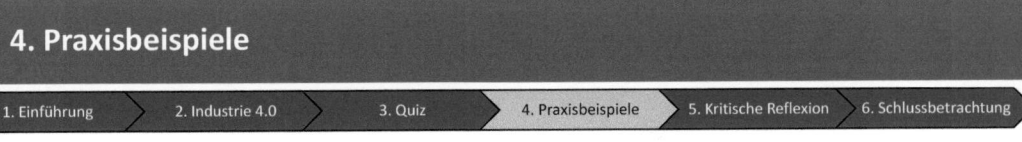

Praxisbeispiele

iBin bei der Firma Würth

- Einer der führenden C-Teile Lieferanten

- Herausforderung neue Technologien und vernetzte Mitarbeiter zu Mehrwert für Unternehmen führen

- Bestandsaufnahme individueller Lagerbehälter bisher durch Würth-Außendienstmitarbeiter

iBin bei der Firma Würth

- Technologie zur
  - kontinuierlichen und
  - automatischen

  Bestandserfassung beim Kunden

- Kundenerwartungen in Bezug auf
  - kürzere Reaktionszeiten
  - geringere Kosten
  - höherem Servicegrad

  sollen erfüllt werden

iBin bei der Firma Würth

- Infrarot-Kamera-Modul sendet Bilder des Behälterinneren

- Software überprüft Inhalt der Behälter und löst bei Bedarf Bestellung aus. Hierfür werden
  - Füllstände ausgewertet
  - Daten abgespeichert
  - Mitarbeiter bei Bestellung per Nachricht informiert

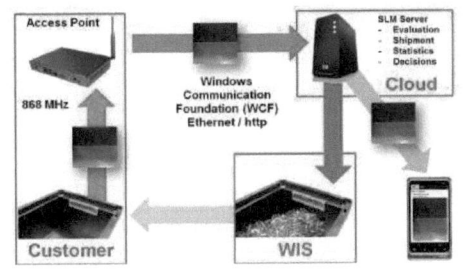

Quelle: T. Bauernhansel et al., Industrie 4.0 in Produktion, Automatisierung und Logistik, Springer Fachmedien: Wiesbaden. 2014.

eMachineShop

- Seit 2003 existierendes Online Portal

- Ermöglicht es den Kunden individuelle Teile zu fertigen
  - Losgröße egal
  - Software steht frei zum Download

- Jeglicher Input an Informationen wird digitalisiert

Quelle: http://www.emachineshop.com/machine-shop/templates/emscss/images/site/block123a.jpg

Kritische Reflexion

SWOT-Analyse „Industrie 4.0"

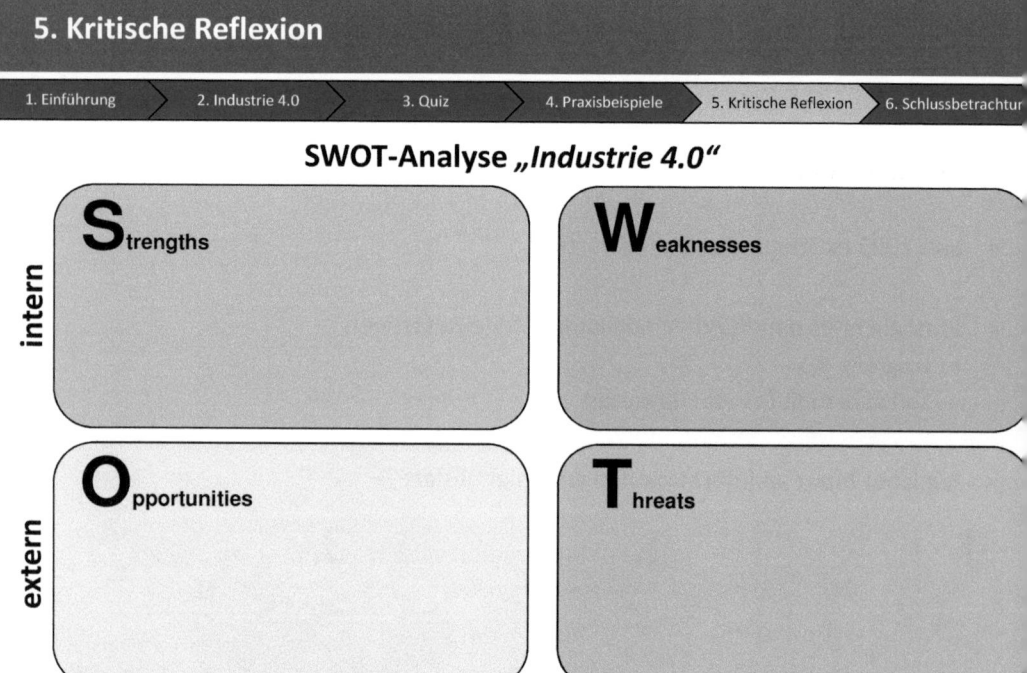

intern

Strengths

Weaknesses

extern

Opportunities

Threats

SWOT-Analyse *„Industrie 4.0"*

intern

Strengths

- Hohe Produktivität auch bei kleinen Losgrößen
- Imageverbesserung
- Rüstzeitenminimierung
- Geringerer Planungsaufwand/Selbststeuerung
- Bestandsreduzierung
- Ressourceneffizienz
- Energieeffizienz

Weaknesses

- Komplexe Umsetzung
- Fehlende Standards
- Geringer Bekanntheitsgrad
- Hohe Investitionskosten
- Unsichere digitale Übermittlung von Daten

extern

Opportunities

- Smart Analytics
- Weltweite Vernetzung von Wertschöpfungsketten
- Schaffung von Arbeitsplätzen
- Individuelle Kundenbedürfnisse ohne Aufpreis befriedigen

Threats

- Datensicherheit
- Gläserner Mensch
- Dateninkonsistenz
- Fachkräftemangel
- Digitale Industriespionage

6. Schlussbetrachtung

Schlussbetrachtung

Strategieentwicklung: *„Stärken anwenden, um Chancen zu nutzen"*

intern

Strengths

- Hohe Produktivität auch bei kleinen Losgrößen
- Imageverbesserung
- Rüstzeitenminimierung
- Geringerer Planungsaufwand/Selbststeuerung
- Bestandsreduzierung
- Ressourceneffizienz
- Energieeffizienz

extern

Opportunities

- Smart Analytics
- Weltweite Vernetzung von Wertschöpfungsketten
- Schaffung von Arbeitsplätzen
- Individuelle Kundenbedürfnisse ohne Aufpreis befriedigen

Durch Industrie 4.0 ist auch bei kleinen Losgrößen eine hohe Produktivität möglich, dadurch können individuelle Kundenbedürfnisse ohne Aufpreis befriedigt werden.

Strategieentwicklung: *„Schwächen abbauen, um Chancen zu nutzen"*

intern

Weaknesses

- Komplexe Umsetzung
- Fehlende Standards
- Geringer Bekanntheitsgrad
- Hohe Investitionskosten
- Unsichere digitale Übermittlung von Daten

extern

Opportunities

- Smart Analytics
- Weltweite Vernetzung von Wertschöpfungsketten
- Schaffung von Arbeitsplätzen
- Individuelle Kundenbedürfnisse ohne Aufpreis befriedigen

Fehlende Standards definieren und einführen, um weltweite Vernetzung von Wertschöpfungsketten zu ermöglichen.

Strategieentwicklung: *„Schwächen abbauen, um Risiken zu mindern"*

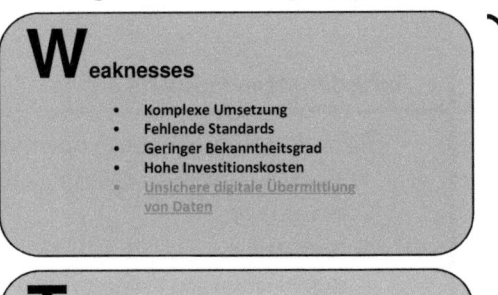

Weaknesses

- Komplexe Umsetzung
- Fehlende Standards
- Geringer Bekanntheitsgrad
- Hohe Investitionskosten
- Unsichere digitale Übermittlung von Daten

Threats

- Datensicherheit
- Gläserner Mensch
- Dateninkonsistenz
- Fachkräftemangel
- Digitale Industriespionage

Sichere digitale Übermittlung von Daten gewährleisten, um Datensicherheit zu garantieren und Industriespionage vorzubeugen.

6. Schlussbetrachtung

| 1. Einführung | 2. Industrie 4.0 | 3. Quiz | 4. Praxisbeispiele | 5. Kritische Reflexion | 6. Schlussbetrachtung |

Berufsbild des Wirtschaftsingenieurs gemäß VWI

- Bereichsübergreifende Kenntnisse
  - Betriebs-, Volks- und Rechtswissenschaften
  - Natur- und Ingenieurwissenschaften
  - Informationstechnologie
- Arbeit an der Schnittstelle/ interdisziplinäres Arbeiten
- Analytisches und vernetztes Denken

Industrie 4.0 – Eine Chance für Wirtschaftsingenieure?

Berufsbild Wirtschaftsingenieur	Anforderungen Industrie 4.0

• Bereichsübergreifende Kenntnisse
   – Betriebs-, Volks- und Rechtswissenschaften
   – Natur- und Ingenieurwissenschaften
   – Informationstechnologie
• Arbeit an der Schnittstelle/ interdisziplinäres Arbeiten
• Analytisches und vernetztes Denken
	• Bereichsübergreifendes Know-how
	   – Verschmelzung von digitaler und realer Welt
	   – Vernetzung
	   – Kombination von Planungs- und Kontrollaufgaben
	• Smart Analytics
	• Fertigungstechnologie

 Großes Potential für den Wirtschaftsingenieurs in der Industrie 4.0

Offene Diskussion

Evolution oder Revolution?

Baut Industrie 4.0 auf Lean-Prinzipien auf? Stehen diese eventuell im Gegensatz zueinander?
(Einfachheit vs. Komplexität)

Wie sieht die zukünftige Rolle des Menschen im Umfeld der Industrie 4.0 aus?

BEI GRIN MACHT SICH IHR
WISSEN BEZAHLT

- Wir veröffentlichen Ihre Hausarbeit,
  Bachelor- und Masterarbeit

- Ihr eigenes eBook und Buch -
  weltweit in allen wichtigen Shops

- Verdienen Sie an jedem Verkauf

Jetzt bei www.GRIN.com hochladen
und kostenlos publizieren